Papierfalten einfach & wirkungsvoll

Sind Sie auch so begeistert von den neuen Transparentpapieren?

Mit bunten Blumensteckern oder einer farbenfrohen Fensterkette holen Sie sich den Frühling ans Fenster. Mit leuchtenden Blüten bringen Sie an Sommerabenden Stimmung ins Haus und in den Garten und mit filigranen Tischdekorationen zaubern Sie eine festliche Atmosphäre für Ihre Gäste.

Diese und andere dekorative Modelle können Sie ohne zeitraubende Vorlagen nach einem einfachen Grundmodell anfertigen. Auch für Freunde der Origami-Faltkunst ist etwas dabei.

An dieser Stelle ein herzliches Dankeschön an alle, die mich bei meiner Arbeit an diesem Buch unterstützt haben.

Und nun: Viel Freude und gutes Gelingen,

Ihre

ALLGEMEINE WERKZEUGE UND HILFSMITTEL, DIE SIE ZUR HAND HABEN SOLLTEN

- Bleistift
- Schere
- Cutter mit Schneideunterlage
- Kreisschneider (Zirkel)
- Geo-Dreieck®
- Prägestift, Stricknadel bzw. Messerrücken
- kleine Zange
- Nadel
- UHU extra

Hinweis: Bitte keine wasserlöslichen Klebstoffe verwenden, da sie die Papiere wellen.

MATERIALIEN

- Transparentpapier (extrastark, 115 g/m^2 - 120 g/m^2) und Tonkarton in verschiedenen Farben, Tonpapier für die Basisanleitungen
- Glasteelichter
- evtl. Rundholzstäbe
- Silberdraht
- Aluminiumdraht
- Perlonfaden
- verschiedene Perlen
- Schaschlikstäbchen

Genaue Materialangaben sind bei den einzelnen Modellen angegeben.

Tipps und Tricks

- Bitte lesen Sie die Beschreibungen aufmerksam und falten Sie möglichst genau, um beste Ergebnisse zu erzielen.

- Bei den Zuschnittgrößen sind die Durchmesser angegeben. Für die Einstellungen des Kreisschneiders bzw. Zirkels die Hälfte, also den Radius, verwenden.

- Streichen Sie die Falzkanten fest, aber behutsam glatt. Bei zu starkem Druck und durch häufiges Hin- und Herfalten kann das Papier brechen.

- Grundlage für alle Modelle sind die Basisanleitungen. Sie sind leicht zu lernen und schnell nachzufalten.

- Transparentpapier (extrastark, 115 g/m^2 - 120 g/m^2) gibt es in verschiedenen Farben und Mustern in Bastel- oft auch in Schreibwarengeschäften. Meistens wird es in Rollen, 50 cm x 70 cm, angeboten, manchmal auch in A4. Normales Transparentpapier ist zu dünn und eignet sich daher nicht für diese Modelle.

- Beginnen Sie mit einfachen Blütenformen mit Vorraussetzung Basisanleitung 1, um das nötige Fingerspitzengefühl für das Transparentpapier zu bekommen. Bei diesen Modellen muss die Faltung auch noch nicht ganz so genau ausgeführt werden.

Achtung: Brennende Teelichter nicht unbeaufsichtigt lassen, Brandgefahr!

MATERIAL
- Kreis aus Tonpapier, ø 16 cm

1

Basisanleitung 1

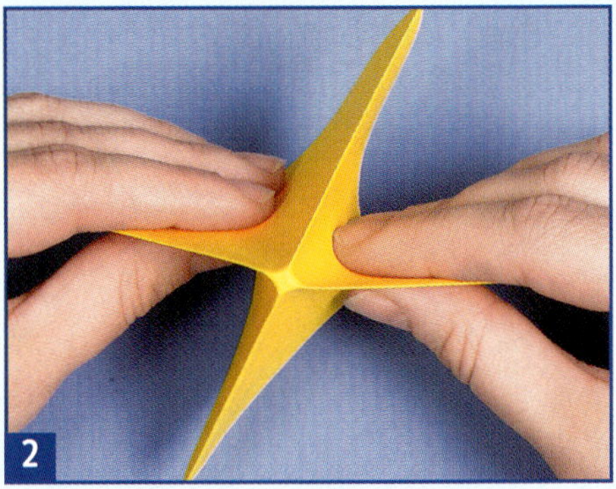
2

Wichtig: Bei Papieren mit Vorder- und Rückseite muss die Papiervorderseite nach der Faltung immer innen liegen.

1 Den Kreis in der Mitte falten. Die Faltung öffnen, quer zum Falz noch einmal falten und wieder öffnen.

2 Zwei gegenüberliegende Falten fassen und die Figur zusammenschieben.

3

3 Die Figur auf die Arbeitsfläche legen und je zwei Falzkanten genau aufeinander legen. Die Mitte der Figur flach drücken und glatt streichen.

4 Den Vorgang zur anderen Seite wiederholen. Es sind vier Flügel entstanden.

4

5

5 Einen der beiden oberen Flügel zunächst senkrecht stellen, dann öffnen und flach drücken.

6

6 Bei diesem Vorgang sollten Sie darauf achten, dass alle in der Mitte liegenden Falzkanten genau neben- bzw. übereinander sind. Zur Öffnung der Flügelspitze kann man ein Schaschlikstäbchen zu Hilfe nehmen.

7

7 Die Figur umdrehen und den Vorgang wiederholen.

8 Den rechten kleinen Flügel nach links klappen. Die Figur umdrehen und wieder den rechten Flügel nach links klappen.

9 Mit den restlichen großen Flügeln ab Punkt 5 genauso verfahren. Dabei ebenfalls eine der jeweils neu entstandenen kleinen Falten auf die gegenüberliegende Seite klappen.

8

9

Zwei Varianten der Weiterverarbeitung

Vor der Weiterverarbeitung wird das Teil bei fast allen Modellen gewendet, d. h. das Innere kommt nach außen. Bitte die Hinweise bei den einzelnen Beschreibungen beachten.

10

STERNSCHNITT

Beispiel mit einer Zackenschräge von 2 cm.

10 Bei einer Falte 2 cm unterhalb vom Rand einen geraden Schnitt bis zum nächsten Falzende ausführen.

11

11 Die nächste Falte von hinten an die geschnittene Falte anlegen und genauso zuschneiden. Alle Falten entsprechend bearbeiten. Dabei immer nur die zuletzt geschnittene Falte als Vorlage für die nächste nehmen.

BLÜTENSCHNITT

12 Den Blütenschnitt sinngemäß wie den Sternschnitt ausführen. Dabei den Schnitt etwa in der Mitte der Falzkante ansetzen und rund bis zum nächsten Falzende schneiden.

12

Tipp: Beim Blütenschnitt kann mit etwas Übung jede Falte frei geschnitten werden, natürliche Blüten sind auch nicht ganz gleichmäßig. Der Sternschnitt hingegen sollte exakt nach der ersten Falte geschnitten werden, vor allem, wenn ein zusammengesetztes Modell hergestellt wird.

Basisanleitung 2

MATERIAL
- Kreis aus Tonpapier, ø 16 cm

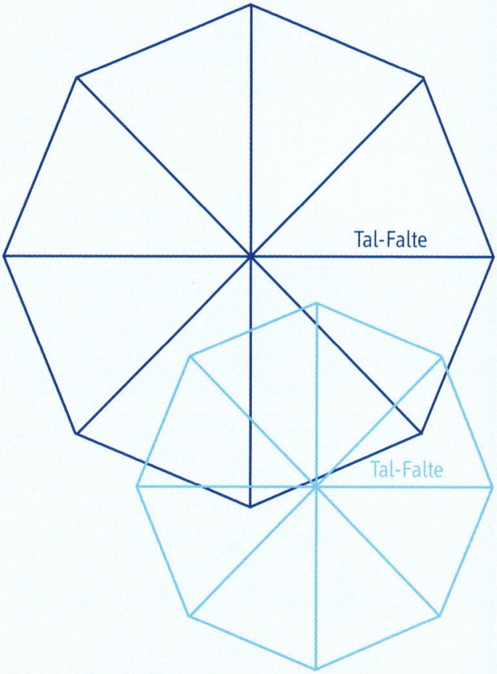

Nach den abgebildeten Vorlagen Schablonen aus Tonkarton ausschneiden. Die Kreise gemäß Basisanleitung 1 falten, ggf. wenden und den Blüten- bzw. den Sternschnitt schneiden.

Die entsprechende Achteck-Schablone immer so auf die Mitte legen, dass die Tal-Faltenmarkierungen der Schablone genau mit den Tal-Falten des Modells übereinstimmen.

Mit einem Prägestift die Umrisse des Achtecks auf das Papier übertragen. Die Schablone mit der einen Hand festhalten, gleichzeitig mit der anderen Hand das Papier von unten an den Falten greifen und am geprägten Achteck entlang senkrecht nach oben drücken.

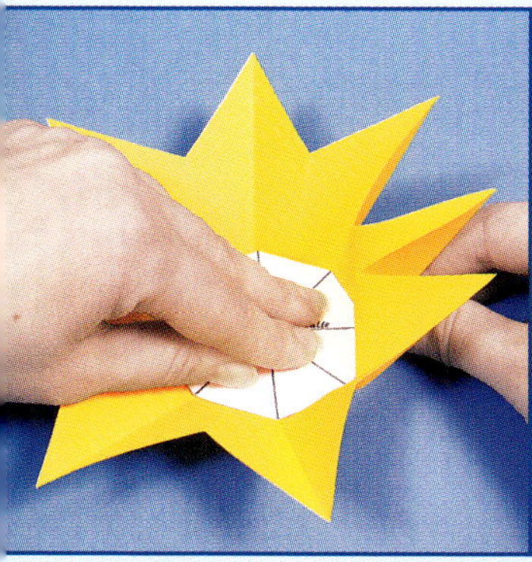

1. Beispiel: Stern und große Schablone.

2. Beispiel: Blüte und kleine Schablone. Der Mittelfalz der Blätter liegt als Tal-Falte.

3. Beispiel: Blüte und kleine Schablone, der Mittelfalz der Blätter liegt als Berg-Falte.

Blüten-lichter

Beschreibung
Seite 8

Blütenlichter

→ traumhaft schön

VORAUSSETZUNG
Basisanleitung 1+2

MATERIAL
- Transparentpapier extrastark in Gelb, Lila und Rot, 50 cm x 70 cm
- 3 Glasteelichter

ZUSCHNITT GROSSE BLÜTEN
- je ein Kreis in Gelb und Lila, ø 21 cm, 18 cm und 15 cm

KLEINE BLÜTEN
- je ein Kreis in Rot, ø 18 cm, 15 cm und 14 cm

Abbildung Seite 7

1 Alle Kreise gemäß Basisanleitung 1 falten, wenden und schneiden.

2 Gemäß Basisanleitung 2 die kleine Achteck-Schablone auflegen (Tal-Faltenmarkierungen beachten), die Umrisse mit einem Prägestift prägen und die Blütenblätter senkrecht nach oben biegen. Dabei muss der Mittelfalz der Blätter als Tal-Falte liegen.

3 Die Blüten der Größe nach versetzt ineinander kleben.

4 Das Glasteelicht einsetzen, sein Gewicht hält während des Trocknens die Form.

Tipp: Diese Blütenlichter machen jede Tafel zu einem festlichen Genuss. Bitte lassen Sie die Teelichter nie ohne Aufsicht brennen.

VORAUSSETZUNG
Basisanleitung 1

MATERIAL
- Transparentpapier extrastark in Blau, Rot, Gelb und Grün, 50 cm x 70 cm
- Lichterkette mit 10 Lämpchen
- Draht von der Rolle, ø ca. 0,35 mm

ZUSCHNITT FÜR EINE BLÜTE
- je ein Kreis in Blau, Rot, Gelb bzw. Grün, ø 18 cm und 15 cm

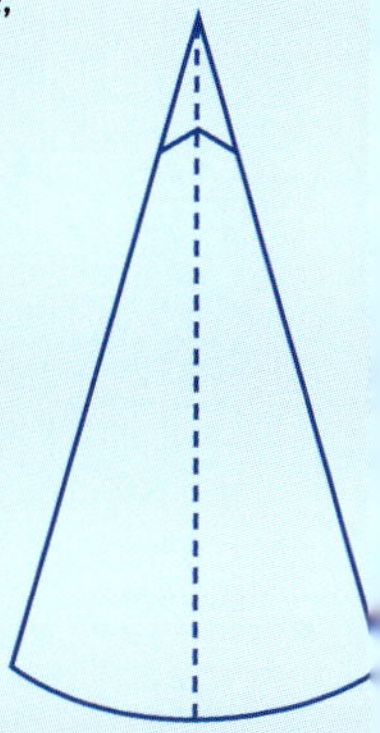

Lichterkette

→ leuchtende Blütenglocken

1 Die Kreise gemäß Basisanleitung 1 falten.

2 Vor dem Wenden von der Spitze 1,5 cm laut Skizze abschneiden. Dabei die Falten gleichmäßig nach zwei Seiten verteilen.

3 Danach wenden und den Blütenschnitt schneiden.

4 Die kleinere Blüte über die größere kleben, jedoch nur um die Mitte mit Klebstoff bestreichen.

5 An zwei gegenüberliegenden Falten nahe der Spitze mit einer Nadel Löcher stechen und das Lämpchen mit Draht an der Lichterkette befestigen.

Blütenstecker

→ edle Verzierung

VORAUSSETZUNG
Basisanleitung 1

MATERIAL
- Tonkarton in Rot, Pink und Gelb, A4
- Transparentpapierreste extrastark in Rot, Pink und Gelb
- Transparentpapier extrastark mit Blattmuster in Blau und Grün, A4
- je eine Holzperle in Orange und Violett, ø 8 mm
- Holzperle in Gelb, ø 6 mm
- 3 Schaschlikstäbchen

ZUSCHNITT
RAHMEN AUS TONKARTON
- je zwei Rahmen, ø außen, 12 cm in Pink, 10 cm in Gelb, 8 cm in Rot, jeweils mit einer Rahmenstärke von 8 mm

TRANSPARENTPAPIER MIT BLATTMUSTER
- je ein Kreis, ø 12 cm in Blau, 10 cm in Grün, 8 cm in Blau

BLÜTEN AUS TRANSPARENTPAPIER
- je ein Kreis in Pink, ø 9 cm, 7,4 cm und 6 cm
- je ein Kreis in Gelb, ø 7 cm und 6 cm
- je ein Kreis in Rot, ø 6 cm und 5 cm

1 Die gemusterten Transparentpapiere zwischen die zwei Rahmen der entsprechenden Größe bzw. Farbe kleben. Die restlichen Kreise gemäß Basisanleitung 1 falten, wenden und schneiden.

2 Die Blüten einer Farbe der Größe nach aufeinander kleben.

3 In die Mitte der obersten, kleinsten Blüten die farblich passenden halbierten Holzperlen kleben. Dafür die Holzperlen mit einem scharfem Messer oder einer Schere halbieren.

4 Die Blüten auf das gemusterte Transparentpapier kleben.

5 Von hinten die Schaschlikstäbchen ankleben. Liegend trocknen lassen.

Tipp: Die Blütenstecker machen sich in blühenden Blumen hervorragend. Verwenden Sie zur Blume passendes Transparentpapier.

Tischdekoration

→ sehr wirkungsvoll

VORAUSSETZUNG
Basisanleitung 1

MATERIAL
- Windlicht aus Glas, 15 cm hoch, ø ca. 11 cm
- Transparentpapierreste extrastark in Gelb und Lila
- Aluminiumdraht, ø 2 mm, 50 cm lang
- 2 Perlen in Silber, ø 5 mm
- Füllsand in Lila
- Kerze in Gelb, ø 4 cm, 5 cm hoch
- schmales Doppelklebeband

ZUSCHNITT FÜR DIE BLÜTEN
- Kreis in Lila, ø 9 cm
- je ein Kreis in Gelb, ø 5 cm und 4 cm

Windlicht

1 Die Kreise gemäß Basisanleitung 1 falten, wenden und schneiden.

2 Die lila Blüte in vier Doppelblätter teilen, es werden nur zwei benötigt.

3 Je eine Perle in die Mitte der gelben Blüten und diese auf die lila Doppelblätter kleben. Trocknen lassen.

4 Den Sockelumfang des Windlichts abmessen. Diese Länge am Aluminiumdraht gerade lassen, den Rest in Schlaufen legen (siehe auch S. 14, Tellerschmuck).

5 An den für die Blüten vorgesehenen Stellen den Draht mit einem kleinen Stück Doppelklebeband umwickeln, darauf die Blätter und Blüten mit UHU extra ankleben und trocknen lassen.

6 Dann das gerade Stück Draht eng um den Sockel des Windlichts legen und den anderen Teil am Glas entlang nach oben andrücken.

VORAUSSETZUNG
Basisanleitung 1

MATERIAL
- Transparentpapierreste extrastark in Lila und Gelb
- Aluminiumdraht, ø 2 mm, 55 cm lang
- 5 Perlen in Silber, ø 4 mm
- schmales Doppelklebeband

ZUSCHNITT FÜR DIE BLÜTEN
- 2 Kreise in Lila, ø 8 cm
- 5 Kreise in Gelb, ø 4 cm

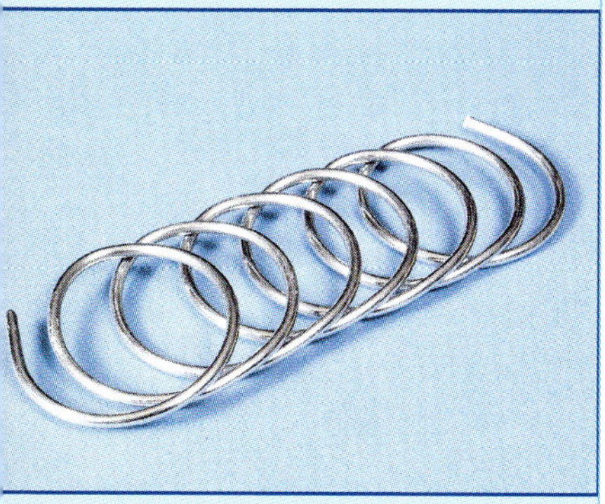

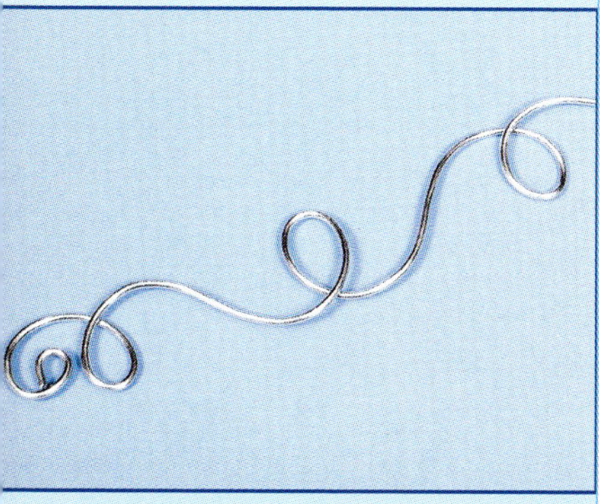

Tellerschmuck

1 Die Kreise gemäß der Basisanleitung 1 falten, aber nur die gelben in vier Falten legen, wenden und schneiden.

2 Die lila Blüten in Doppelblätter teilen, es werden nur fünf gebraucht.

3 Je eine Perle in die Mitte der gelben Blüten kleben und diese auf die lila Doppelblätter. Trocknen lassen.

4 Den Aluminiumdraht in Schlaufen legen. Das gelingt gut, wenn man den Draht zunächst eng um einen dicken Rundstab (ca. ø 2,5 cm), z. B. einen Besenstiel, windet. Danach die Spirale behutsam schräg drücken, bis sie flach liegt und übereinander liegende Schlaufen entstanden sind (siehe Abb.).

5 Die Schlaufen vorsichtig so weit auseinander schieben oder ziehen, dass jede einzeln liegt. Dadurch werden sie kleiner. Die beiden Enden mit einer kleinen Zange eindrehen.

6 Anschließend die Schlaufen nach der einen und anderen Seite drücken und das Ganze nachformen. Dann den Aludraht zum Bogen formen (siehe Abb.).

5 An den für die Blüten vorgesehenen Stellen den Aludraht mit einem kleinen Stück Doppelklebeband umwickeln, darauf die Blätter und Blüten mit UHU extra ankleben und trocknen lassen.

VORAUSSETZUNG
Basisanleitung 1

MATERIAL

- Transparentpapierreste extrastark in Gelb und Lila
- Aluminiumdraht, ø 2 mm, 85 cm lang
- 3 Perlen in Silber, ø 5 mm
- schmales Doppelklebeband

ZUSCHNITT FÜR DIE BLÜTEN

- Kreis in Lila, ø 9 cm
- 3 Kreise in Gelb, ø 5 cm

Serviettenhalter

1 Die Kreise gemäß Basisanleitung 1 falten, wenden und schneiden. Die Blüte in Lila spitz zulaufend und die Blüten in Gelb rund.

2 Die lila Blüte in acht Einzelblätter teilen, es werden nur sechs gebraucht, und je zwei an der unteren Spitze übereinander kleben.

3 Je eine Perle in die Mitte der gelben Blüten und diese auf die lila Doppelblätter kleben. Trocknen lassen.

4 Den Aluminiumdraht in Schlaufen legen (siehe auch S. 14). Dabei aber in der Mitte 20 cm gerade lassen.

5 In der Mitte einen runden Standfuß formen, die Seitenteile senkrecht nach oben biegen (siehe Abb.).

6 An den für die Blüten vorgesehenen Stellen den Aludraht mit einem kleinen Stück Doppelklebeband umwickeln, darauf die Blätter und Blüten mit UHU extra ankleben und trocknen lassen.

Tipp: Sie können den Serviettenhalter auch als Dekoration verwenden.

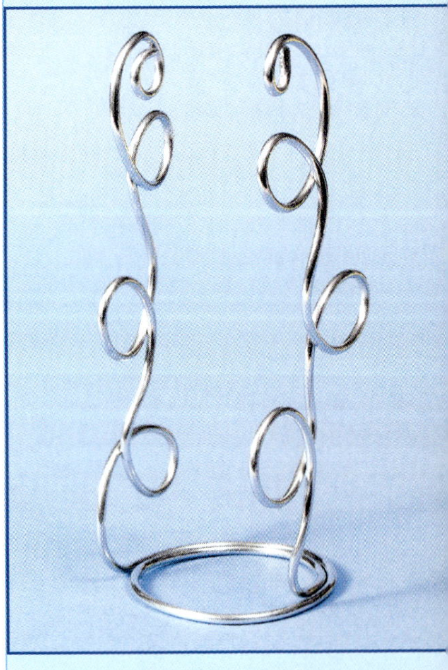

Tischlichter „Halbe Blüte“

→ faszinierend

VORAUSSETZUNG
Basisanleitung 1

MATERIAL
- Transparentpapier extrastark in Rot, Gelb und Blau, 50 cm x 70 cm
- Tonkarton in Rot, Gelb und Blau, A4
- Holzperle in Rot, Gelb und Blau, ø 8 mm
- 3 Glasteelichter

ZUSCHNITT AUS TRANSPARENTPAPIER
- je ein Kreis in Rot, ø 24 cm, 20 cm und 16 cm
- je ein Kreis in Gelb, ø 20 cm, 17 cm und 14 cm
- je ein Kreis in Blau, ø 20 cm und 17 cm

1 Aus Tonkarton in der jeweiligen Farbe die Teelichthalter anfertigen. Dafür je ein Oval, 5 cm x 8,5 cm, ausschneiden, bei 2,5 cm anritzen (siehe Skizze) und die kleinere Seite senkrecht hochbiegen.

2 Je einen Streifen, 2 cm x 16 cm, der Länge nach bei 1 cm anritzen, Zacken schneiden und umbiegen. Zum Ring formen und zusammenkleben. Am Teelicht dafür Maß nehmen.

3 Je ein Streifen, 1 cm x 3,4 cm, bei 1 cm und 2,4 cm anritzen und zum Dreieck biegen.

4 Die Kreise gemäß Basisanleitung 1 falten, wenden und schneiden. Die Blüten zwischen zwei Blättern bis zur Mitte einschneiden.

5 Die Blätter eng zusammendrücken und dann zum Halbkreis öffnen.

6 Die Blüten der Größe nach aufeinander kleben. Dabei nur um die Mitte mit Klebstoff einstreichen.

7 Danach das Ganze auf den geknickten Halbkreis des Ovals kleben. Die Mitte bis ganz an den Knick, die unteren Falten ganz leicht schräg nach oben. Darauf achten, dass die Blüte genau senkrecht steht und nicht mit der Flamme in Berührung kommt.

8 In die untere Mitte eine Holzperle kleben. Dafür die Perle mit einem scharfen Messer oder einer Schere halbieren.

9 Das Dreieck als Stütze ankleben. Dann den Ring als Teelichthalter aufkleben.

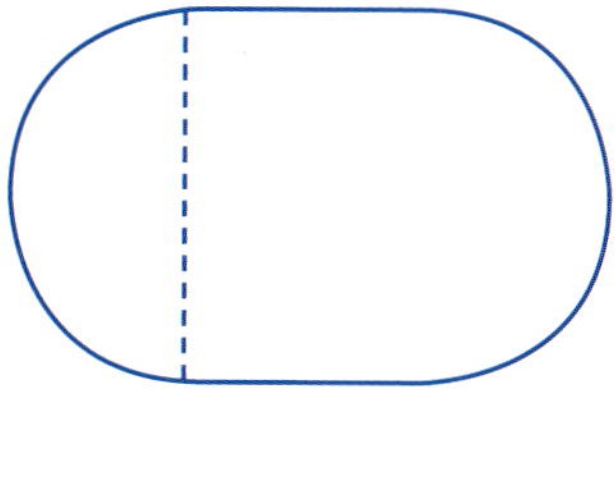

Fensterkette

→ duftig frisch

VORAUSSETZUNG
Basisanleitung 1

MATERIAL
- Transparentpapier extrastark in Gelb, Hellblau, Lila, Hellgrün und Pink, 50 cm x 70 cm
- Tonkartonrest in Weiß
- Perlonfaden, ø 0,5 mm, 1,2 m lang
- evtl. 2 Saugnäpfe

ZUSCHNITT GROSSE BLÜTEN
- je ein Kreis in Gelb, Lila und Pink, ø 20 cm, 16 cm und 12 cm
- je zwei Kreise in Gelb, Lila und Pink, ø 3 cm
- 6 Kreise aus Tonkarton in Weiß, ø 3 cm

KLEINE BLÜTEN
- je ein Kreis in Hellblau und -grün, ø 16 cm, 12 cm und 8 cm
- je zwei Kreise in Hellblau und -grün, ø 2,4 cm
- 4 Kreise aus Tonkarton in Weiß, ø 2,4 cm

1 Die Kreise aus Tonkarton auf einer Seite mit den Kreisen aus Transparentpapier bekleben.

2 Alle anderen Kreise gemäß Basisanleitung 1 falten, wenden und schneiden.

3 Die Blüten je einer Farbe der Größe nach aufeinander kleben.

4 Zunächst nur auf den Vorderseiten je einen Kreis aus Tonkarton aufkleben und trocknen lassen. Die kleinen Kreise auf die kleinen Blüten, die großen auf die großen Blüten. Zum Trocknen z. B. mit einem leichten Buch beschweren.

5 Anschließend von hinten die anderen Kreise aus Tonkarton aufkleben, dabei den Perlonfaden zwischen Kreis und Blüte legen. Liegend trocknen lassen.

Tipp: Beginnen Sie beim Anbringen des Perlonfadens mit der mittleren Blüte, die Sie in der Mitte des Perlonfadens befestigen.

Tipp: Zum Aufhängen am Fenster können Sie durchsichtige Saugnäpfe verwenden.

Seerosen

→ märchenhaft schön

VORAUSSETZUNG
Basisanleitung 1+2

MATERIAL
- Transparentpapier extrastark in Weiß und Gelb, 50 cm x 70 cm
- Transparentpapier in Hellgrün, 2 x A4
- je ein Glasteelicht

ZUSCHNITT FÜR EINE SEEROSE
- je ein Kreis in Weiß bzw. Gelb, ø 18 cm, 21 cm und 24 cm

1 Alle Kreise gemäß Basisanleitung 1 falten, wenden und schneiden.

2 Den Blütenschnitt ansetzen bei 4 cm, 5 cm und 6 cm (Weiß bzw. Gelb) und 3,5 cm (Grün) von der Mitte ab gemessen.

3 Gemäß Basisanleitung 2 die kleine Achteck-Schablone auflegen, Tal-Faltenmarkierungen beachten. Die Umrisse mit einem Prägestift prägen und die Blütenblätter senkrecht nach oben biegen. Dabei muss der Mittelfalz der Blätter bei den weißen und gelben Blüten als Berg-Falte, bei der grünen Blüte als Tal-Falte liegen.

4 Die Blüten gemäß Abbildung ineinander kleben. Möglicherweise sieht die Blume jetzt etwas unförmig aus, deshalb während des Trocknungsvorgangs das Glasteelicht einsetzen. Sein Gewicht hilft, die Form zu halten. Zum Schluss evtl. nachformen.

Fenster-schmuck

→ peppig in Gelb/Orange

VORAUSSETZUNG
Basisanleitung 1

MATERIAL
- Tonkarton in Gelb und Orange, A4
- Transparentpapier extrastark in Gelb und Orange, 50 cm x 70 cm
- Transparentpapier extrastark mit Blattmuster in Gelb, 2 x A4
- 2 Holzperlen in Orange, ø 8 mm
- Holzperle in Gelb, ø 8 mm
- Perlonfaden, ø 0,5 mm

ZUSCHNITT
RAHMEN AUS FOTOKARTON (3-TEILIG)
- je 2 Rahmen, quadratisch, Seitenlänge 12 cm in Orange, 10 cm in Gelb und 8 cm in Orange, jeweils mit einer Rahmenstärke von 1 cm

TRANSPARENTPAPIER MIT BLATTMUSTER
- je ein Quadrat, Seitenlänge 12 cm, 10 cm und 8 cm

TRANSPARENTPAPIER
- je ein Kreis in Orange, ø 8 cm, 7 cm und 5 cm (für große Blüte) und 6 cm, 5 cm und 3 cm (für kleine Blüte)
- je ein Kreis in Gelb, ø 7 cm, 6 cm und 4 cm

ZUSCHNITT
RAHMEN AUS FOTOKARTON (2-TEILIG)
- je 2 Rahmen, quadratisch, Seitenlänge 10 cm in Orange und 8 cm in Gelb, jeweils mit einer Rahmenstärke von 1 cm

TRANSPARENTPAPIER MIT BLATTMUSTER
- je ein Quadrat, Seitenlänge 10 cm und 8 cm

TRANSPARENTPAPIER
- je ein Kreis in Gelb, ø 7 cm, 6 cm und 4 cm
- je ein Kreis in Orange, ø 6 cm, 5 cm und 3 cm

1 Die Quadrate aus Transparentpapier mit Blattmuster zwischen zwei gleichfarbige Rahmen der entsprechenden Größe kleben.

2 Alle Kreise gemäß Basisanleitung 1 falten, wenden und schneiden.

3 Die zusammengehörenden Blüten versetzt aufeinander kleben, in die Mitte je eine Holzperle. Dafür die Perlen mit einem scharfen Messer oder einer Schere halbieren.

4 Die Blüten in die Mitte der Quadrate kleben, die Quadrate an den Spitzen aneinander kleben. An der obersten Spitze den Perlonfaden zum Aufhängen befestigen.

5 Für den 2-teiligen Fensterschmuck wird nur die kleinste Blüte versetzt aufgeklebt.

Gardinenschmuck

→ für schlichte Vorhänge

VORAUSSETZUNG
Basisanleitung 1

MATERIAL
- Transparentpapierreste extrastark in Rosa, Lila und Weiß
- Aluminiumdraht, ø 2 mm, 65 cm und 70 cm lang
- 7 Perlen in Silber, ø 5 mm
- schmales Doppelklebeband
- Perlonfaden, ø 0,5 mm

ZUSCHNITT DER BLÜTEN
- 2 Kreise in Weiß, ø 8 cm
- 3 Kreise in Lila, ø 5 cm
- 4 Kreise in Rosa, ø 5 cm

1 Die Kreise gemäß Basisanleitung 1 falten, wenden und schneiden.

2 Die weißen Blüten in acht Doppelblätter teilen, es werden sieben benötigt.

3 Je eine Perle in die Mitte der Blüten und diese auf die weißen Doppelblätter kleben. Trocknen lassen.

4 Den Aludraht in Schlaufen legen (siehe auch S. 14, Tellerschmuck). Das gelingt gut, wenn man den Draht zunächst eng um einen dicken Rundstab (ca. ø 2,5 cm), z. B. einen Besenstiel, windet. Danach die Spirale behutsam schräg drücken, bis sie flach liegt und übereinander liegende Schlaufen entstanden sind.

5 Die Schlaufen vorsichtig so weit auseinander schieben oder ziehen, dass jede einzeln liegt. Dadurch werden sie kleiner. Die beiden Enden mit einer kleinen Zange eindrehen.

6 Anschließend die Schlaufen nach der einen und anderen Seite drücken und das Ganze nachformen.

7 An den für die Blüten vorgesehenen Stellen den Draht mit einem kleinen Stück Doppelklebeband umwickeln. Darauf einen Tropfen UHU extra geben, die Blätter und Blüten ankleben und trocknen lassen.

8 Den Gardinenschmuck an einem Perlonfaden aufhängen.

Partylaternen

→ verbreiten gute Stimmung

VORAUSSETZUNG
Basisanleitung 1+2

MATERIAL

- Transparentpapier extrastark mit Luftballonmuster, 50 cm x 70 cm
- ein großes Teelicht, ø 6 cm, bzw. ein kleines Glasteelicht

ZUSCHNITT FÜR GROSSE LATERNE

- 2 Kreise, ø 30 cm

FÜR KLEINE LATERNE

- 2 Kreise, ø 20 cm.

Hinweis: Dieses Modell ist eigentlich nicht schwierig, aber Sorgfalt und Genauigkeit sind hier besonders wichtig!

Große Laterne

(die Angaben für die kleine Laterne stehen in Klammern)

1 Beide Kreise gemäß Basisanleitung 1 falten. Danach muss die Papiervorderseite innen liegen.

2 Ein Teil wenden und die Zackenschräge bei 3 cm (2 cm) schneiden. Beide Teile flach ausbreiten, dabei auch die Mitte flach drücken und das zugeschnittene Teil so auf das andere legen, dass bei beiden die Papierrückseite zu sehen ist und die Falten genau aufeinander liegen.

3 Den Sternschnitt des einen Teils mit dem Prägestift auf das andere übertragen.

4 Ca. 1 cm (1/2 cm) als Klebelaschen stehen lassen, den Rest abschneiden. Die Klebelaschen parallel zum Mittelfalz schneiden (siehe Abb.).

5 Das Teil wieder zusammenfalten, sodass die Papiervorderseite außen ist, und 6 cm (4 cm) von der Spitze (= Mitte) abschneiden.

6 Das Teil wieder öffnen, die Klebelaschen zur Papierrückseite hin falzen und wieder öffnen (= Oberteil).

7 Das andere Teil flach ausbreiten, sodass die Papierrückseite zu sehen ist, die große Achteck-Schablone (kleine Achteck-Schablone) auf die Mitte legen, Tal-Faltenmarkierungen beachten, fest andrücken, die Umrisse mit dem Prägestift prägen und die Zacken nach oben biegen (= Unterteil / siehe Basisanleitung 2).

8 Die Klebelaschen des einen Teils mit UHU extra gleichmäßig dünn einstreichen und die Zacken des anderen Teils ankleben, jede Zacke einzeln bearbeiten. Die Tal-Falten des Oberteils stoßen auf die Berg-Falten des Unterteils.

9 Trocknen lassen und ein Teelicht einsetzen.

Lichterkette

→ in zarten Pastelltönen

VORAUSSETZUNG
Basisanleitung 1+2

MATERIAL

- Transparentpapier extrastark mit Ornamentmuster in Blau, Gelb und Grün, 50 cm x 70 cm
- Lichterkette mit 10 Lämpchen
- 10 Wachsperlen in passenden Farben, ø 8 mm
- 20 Wachsperlen in Silber, ø 4 mm
- Silberdraht, ø 0,35 mm

ZUSCHNITT FÜR EIN LÄMPCHEN

- je 2 Kreise in gleicher Farbe, ø 15 cm
- je ein Kreis in gleicher Farbe, ø 2,6 cm (Bodenverstärkung)

Hinweis: Das Zusammenkleben erfordert etwas Geduld und ruhige Hände und gelingt nur, wenn die vorangegangenen Schritte sorgfältig und exakt gearbeitet wurden.

1 Beide Kreise gemäß Basisanleitung 1 falten. Danach muss die Papiervorderseite innen liegen.

2 Ein Teil wenden und die Zackenschräge (1,5 cm) schneiden.

3 Beide Teile flach ausbreiten, dabei auch die Mitte flach drücken und das zugeschnittene Teil so auf das andere legen, dass bei beiden die Papierrückseite zu sehen ist und die Falten genau aufeinander liegen.

4 Den Sternschnitt des einen mit dem Prägestift auf das andere Teil übertragen.

5 Ca. 0,5 cm als Klebelaschen stehen lassen, den Rest abschneiden. Die Klebelaschen parallel zum Mittelfalz schneiden (siehe Abb. S. 26). Das Teil wieder zusammenfalten (die Papiervorderseite ist außen) und 1,5 cm von der Spitze (= Mitte) abschneiden.

6 Das Teil wieder öffnen, die Klebelaschen zur Papierrückseite hin falzen und wieder öffnen (= Oberteil).

7 Das andere Teil flach ausbreiten, sodass die Papiervorderseite zu sehen ist. Den kleinen Kreis für die Bodenverstärkung genau in die Mitte kleben, das Teil umdrehen, mit einem Finger die Mitte festhalten und die Zacken nach oben biegen (= Unterteil, siehe auch Basisanleitung 2).

8 Die Perlen auf ein Stück Silberdraht stecken, an einem Ende eine kleine Schlaufe biegen. Den Draht von unten durch das Zirkelloch in der Mitte des Unterteils schieben und innen ebenfalls durch eine Schlaufe sichern.

9 Die Klebelaschen des einen Teils mit UHU extra gleichmäßig dünn einstreichen und die Zacken des anderen Teils ankleben, jede Zacke einzeln bearbeiten. Die Tal-Falten des Oberteils stoßen auf die Berg-Falten des Unterteils.

10 An zwei einander gegenüberliegenden Tal-Falten Löcher stechen und das Lämpchen mit Silberdraht an der Lichterkette befestigen.

Lichtschale

→ mit Origami-Faltung

VORAUSSETZUNG
Basisanleitung 1+2

MATERIAL
- Transparentpapier extrastark in Hellgelb, Gelb und Orange, 50 cm x 70 cm
- Glasteelicht

ZUSCHNITT
- je ein Kreis in Hellgelb, ø 18 cm, Zackenschräge 3 cm, 21 cm in Gelb, Zackenschräge 3,5 cm, 24 cm in Orange, Zackenschräge 4 cm, 27 cm in Gelb, Zackenschräge 4,5 cm, 30 cm in Hellgelb, Zackenschräge 5 cm

Schritt-für-Schritt-Anleitung siehe Seite 32

1 Die Kreise gemäß Basisanleitung 1 falten. Nicht wenden, die Zackenschräge schneiden.

2 Den Stern ausbreiten, sodass der Mittelfalz der Zacken als Tal-Falte liegt. Die Zacken soweit es geht zur Mitte hin falten und wieder öffnen. Dabei darauf achten, dass der Mittelfalz der Zacken genau übereinander liegt.

3 Den Stern zur Hälfte falten und ablegen.

4 Die Falzkante der rechts liegenden, gefalteten Zacke so nach oben falten, dass sie genau auf der Querfalte liegt, und wieder öffnen (Abb. 1).

5 Dieselbe Zacke noch einmal nach oben falten, aber nur bis zum eben entstandenen Falz, und wieder öffnen (Abb. 2).

6 Alle Zacken so bearbeiten.

7 Die kleine Achteck-Schablone in die Mitte legen, Tal-Faltenmarkierungen beachten. Die Umrisse prägen und die Falten wie in Basisanleitung 2 beschrieben hochbiegen, dabei liegt der Mittelfalz der Zacken als Tal-Falte.

8 Je eine Zacke am Mittelfalz falten, die Spitze etwas öffnen und die kleine Drachenform etwas flach drücken (Abb. 3), zuerst nach hinten falten (Abb. 4) und dann nach vorn (Abb. 5).

9 Abschließend die ganze Falte öffnen und die Drachenform flach drücken (Abb. 6).

10 Die Figuren ausformen, der Größe nach ineinander stellen und das Glasteelicht einsetzen.

Tipp: Die Lichtschale sieht auch sehr schön aus, wenn man nur zwei oder drei Teile in aufeinander folgenden Größen faltet.

Hinweis: Ein etwas kniffliges Modell. Falten Sie zunächst ein Teil aus Tonpapier, um die Origami-Faltung exakt zu beherrschen. Das Transparentpapier kann bei ungenauer oder zu fester Faltung an den komplizierteren Falzkanten brechen.

IMPRESSUM

FOTOS: frechverlag GmbH, 70499 Stuttgart; Fotostudio Ullrich & Co., Renningen
DRUCK: frechdruck GmbH, 70499 Stuttgart

Auflage: 5. 4. 3. 2. 1.
Jahr: 2008 2007 2006 2005 2004 [Letzte Zahlen maßgebend]

ISBN 3-7724-3267-0
Best.-Nr. 3267